Die Würfel sind gefallen

-Stück in drei Akten-

Beate Seifert

Die Würfel sind gefallen

-Stück in drei Akten-

Books on Demand

Neuauflage

Copyright © 2013 by Beate Seifert

Herstellung und Verlag: BoD – Books on Demand,

Norderstedt

Titelbild: Mystery. Origami. Woman with Pigeons. Fairy

Tale. Fantasy. © gromovataya – Fotolia.com

ISBN **9783839130711**

Bibliographische Information der Deutschen

Nationalbibliothek

www.bod.de

Für meine Mutter

PERSONEN

Eva, die Tochter
Ines, die Mutter
Milan, Evas Ehemann
Carolin und Lena, Evas Töchter
Ein Kellner
Eine Dame

ERSTER AKT

Eine leere Bühne.

ERSTE SZENE

*Eine Dame tritt auf die Bühne. Sie sieht sich im Saal um
und macht einen kleinen Knicks. Sie geht ein paar Schritte
nach vorne. Sie läuft wieder zurück. Sie läuft noch ein
paar Mal hin und her. Dann bleibt sie stehen und sieht
sich lange im Saal um, bevor sie anfängt zu sprechen.*

Eine Dame

EINE DAME *beugt sich zum Publikum herunter:*

Verspüren wir zuweilen ein tiefes Verlangen,
wird uns das vorbestimmte Leben dennoch umfangen.
Getarnt hat es es sich über dem Sündenkleid,
mit dem unendlichen Drang nach Gesetzmäßigkeit.

Auf den Lippen hat es ein höhnischen Lachen,
denn am Ende wird man ohne die Freiheit erwachen.
Doch die willkürliche und grundlose Existenz,
eröffnet uns den Weg zur schier unerreichbaren Kontigenz.

Der Versuchung, den gesunden Subjektivismus zu verliren
um ihn in einem unermesslichen, kollektiven Schicksal zu
dissoziieren,

muss man widerstehen, um die Freiheit jenseits des We-
sens zu erlangen
und sich das eigene Bewusstsein als souveräne Wahrheit
anbelangen.

Denn wie es einem in dieser Geschichte zuweilen er-
scheint,
ist die Anerkennung des Seins mit der Faktizität vereint.
Es ist des puren Widerspruchs beunruhigende Tendenz,
als gäbe es im Panentheismus eine Transzendenz.

Die Verwurzelung mit der Familie soll uns affizieren,
wir sollten uns möglichst nur mit ihr identifizieren.
Der Wunsch nach Unabhängigkeit spricht aber ein anderes
Wort
und spült die Argumente der Vorbestimmung fort.

Wo bleibt die Freiheit, der Existenz scheinbar einziger
Sinn?
Müssen wir wirklich fortführen, was ursprünglich war der
Eltern Beginn?
Man unterstelle niemandem intentionales Verhalten,
doch am Ende muss man ja doch der Eltern Erbe verwal-
ten.

Doch man blicke tiefer und lausche still,
was man eigentlich selber vom Leben will.
Denn das Dasein, so willkürlich und grundlos es auch sei,
bietet uns immer noch die Freiheit, die scheint jedoch zu
schnell vorbei.

Man scheint nur abhängig von der Eltern Lehre,
wenn man sich nicht selbst bekehre.
So bedenken Sie: Sie sind ihr eigenes Konstrukt

und nicht nur das durch Gene und Erziehung entstandene Produkt.

Denn was wäre die Welt, bestimmt alleine durch intersubjektive Totalität,
in der es nichts gibt, das uns bestärkt in unserer Individualität?
Ein Ort ohne Versöhnung mit dem Selbst, das man nicht versteht
und in dem die mögliche Wahrheit dem Blicke entgeht.

Die Dame schaut noch einen Moment lang ins Publikum. Sie macht erneut einen kleinen Knicks, dreht sie sich um und verlässt die Bühne.

Vorhang

ZWEITE SZENE

Ines Wohnung. Eva ist gerade zur Tür herein gekommen und steht im Mantel in der Tür. Die ganze Wohnung ist voller Kisten, die einen noch nicht lange vergangenen Umzug vermuten lassen. Sie tritt ein. Ines sitzt in ihrem Sessel und liest.

Eva, Ines

INES *blickt von ihrem Buch auf.* Wieso kommst du jetzt auf einmal zu mir nach Hause und besuchst mich nach so langer Zeit?

EVA: Ich wollte dir aus meinem Leben berichten!

INES *nickend:* Aha.

EVA: Was machst du gerade?

INES *deutet auf ihr Buch.* Ich lese, das siehst du doch.

EVA: Achso.

INES *höflicher:* So erzähl doch! Was hast du getan in den letzten Jahren?

EVA *zuckt die Achseln.* So dies und das. Alles Mögliche. Nichts besonderes.

INES nickend: Aha.

EVA *vorwurfsvoll:* Nie hast du dich interessiert!

INES *verdreht die Augen.* Das nun schon wieder.

EVA: Geht dich ja eigentlich alles auch nichts an.

INES: Wieso willst du mir auch nie etwas erzählen? Wolltest du mich denn wirklich jemals an deinem Leben teilhaben lassen?

EVA: Was willst du denn wissen?

INES: Ach, das spielt keine Rolle mehr.

EVA: Da siehst du! Es hat dich doch nie interessiert.

INES *denkt einen Augenblick nach.* Möchtest du dich setzen?

EVA: Nein, danke. Ich habe nicht viel Zeit.

INES: Achso. *Sie widmet sich wieder ihrem Buch.*

EVA: Wieso hast du mich immer verstoßen?

INES: Ich habe dir doch gerade einen Sitzplatz angeboten.

EVA: Es ist eh zu spät.

INES: Da hast du Recht.

EVA *zögernd:* Vielleicht nehme ich mir doch einen Stuhl.

INES: Wenn du meinst.

EVA: Ich kann auch wieder gehen.

INES: Wenn du willst, dann bleib.

EVA: Es ändert eh nichts. *Sie lässt sich auf dem gegenüberliegenden Stuhl nieder.*

INES: Man kann es nicht wissen.

EVA: Könntest du dir vorstellen....Nein, es ist albern! *Sie schüttelt verunsichert den Kopf.*

INES: Wenn du meinst.

EVA: Wieso hörst du mir nie zu?

INES: Was verlangst du von mir?

EVA: Gar nichts. Absolut nichts.

INES: Damit kann ich umgehen.

EVA: Möchtest du nicht wissen, wie es mir ergangen ist?

INES: Du erzählst mir ja nie etwas!

EVA: Geht dich ja auch nichts an. Hab ich dir ja schon mal gesagt.

INES *mit sanfter Stimme:* Wieso bist du hier, mein Kind?

EVA: Ich hatte gehofft, etwas zu erfahren!

INES: Was willst du erfahren?

EVA: Unwichtig. Du kannst mir die Antwort eh nicht sagen.

INES: Na dann, kann ich ja weiter lesen.

EVA *schüchtern:* Sag mir, wieso sahen wir uns so selten?

INES: Du warst eben nie hier.

EVA *vorwurfsvoll:* Und wo warst du?

INES: Was soll die Frage? Ich war doch die ganze Zeit hier!

EVA: Wahrscheinlich. *Von draußen dringt Lärm ins Zimmer, aber sie beachten es nicht weiter.*

INES: Jetzt bist du doch hier.

EVA: Ich weiß aber noch nicht für wie lange, denn ich werde bald wieder nach Hause müssen.

INES: In Ordnung.

EVA: Es sei denn, du möchtest, dass ich bleibe!

INES: Du musst tun, was du für richtig hältst.

EVA: Das werde ich. Mach dir keine Sorgen! *Einvernehmliches Nicken von beiden.*

INES: Dann ist es ja gut. Aber du könntest etwas mit mir essen.

EVA *überlegt einen Moment.* Ich hab eigentlich keinen Hunger.

INES: Auch gut. Ich esse alleine. Wenn du willst, kannst du wieder fahren. Ich möchte dich nicht aufhalten.

EVA: Dann werde ich meinen Heimweg jetzt antreten.

INES: In Ordnung. Aber fahr vorsichtig, es ist gefährlich auf den Straßen.

EVA: Du hast Recht. Vielleicht sollte ich doch noch ein Weilchen bleiben, zumindest bis der größte Verkehr vorüber ist. *Sie blickt ihre Mutter erwartungsvoll an.*

INES: Ich wüsste nicht, warum der Verkehr später besser sein sollte, aber du wirst schon wissen, was du tust.

EVA *dreht sich zur Tür.* Ich sehe schon, ich sollte jetzt doch fahren.

INES: Aber es soll doch regnen. Wie willst du denn im Regen fahren? Hast du denn gar keine Ahnung?

EVA: Das wusste ich nicht.

INES: Dafür bin ich ja da, sonst würdest du ja gar nichts merken.

EVA *tritt einen Schritt näher zu ihrer Mutter.* Aber essen

kann ich trotzdem noch nichts.

INES: Das haben wir ja schon geklärt, aber du könntest zumindest mal deinen Mantel ablegen und deine Schuhe ausziehen. Alles hier wird schmutzig.

EVA: Wenn du meinst!

INES: Aber wenn dir zu kalt ist, kannst du ihn ja auch anbehalten.

EVA *legt ihren Mantel ab und zieht ihre Schuhe aus.* Ich denke, es ist besser so. Aber ich warte eh nur bis der Regen aufhört. Danach bin ich ja wieder weg.

INES *mehr zu sich selbst:* Ja, dann bist du wieder weg.

EVA: Möchtest du mir etwas über dich erzählen?

INES: Da gibt es nichts, was dich interessieren würde.

EVA *enttäuscht:* Achso.

INES: Was gibt es denn bei dir neues?

EVA: Nichts, was du verstehen könntest. Es ist zu viel, um es dir schnell zu erklären.

INES *zuckt die Achseln.* Auch gut.

EVA: Hast du manchmal an mich gedacht?

INES: Manchmal.

EVA: Spielt ja auch gar keine Rolle für mich!

INES: Warum hast du mir damals nie zurück geschrieben?

EVA: Ich wusste nicht was. Es war zu viel.

INES: Verstehe.

EVA: Ich dachte, es würde dich nicht interessieren!

INES: Ich hätte es versucht.

EVA: Das reicht vielleicht nicht.

INES: Kann sein. *Sie schweigen eine Weile lang.*

EVA: Ich habe mein Studium abgeschlossen!

INES: Aha.

EVA: Ist aber auch nicht wichtig.

INES: Welches Studienfach denn?

EVA: Unwichtig. Ich habe eh noch keine Arbeit.

INES: Ach, das hast du also noch nicht geschafft?

EVA *ein wenig empört:* Werde ich aber noch!

INES: Da bin ich sicher.

EVA: Du bist nicht sicher. Das warst du nie.

INES: Ich habe immer an dich geglaubt.

EVA: Du glaubtest immer nur an dich.

INES *mit zynischem Unterton:* Ich bin mir eben wichtig.

EVA: Das ist ja auch in Ordnung. Ich verlange nichts von dir.

INES: Ich kann dir auch nichts mehr geben.

EVA: Deshalb bin ich auch nicht gekommen.

INES: Weshalb bist du dann hier?

EVA: Ich wollte warten bis der Regen aufhört.

INES: Aber es regnet doch gar nicht mehr. Sieh doch mal nach draußen. Wie kommst du überhaupt darauf?

EVA *dreht sich verlegen weg.* Ich dachte, ich müsste noch warten bis ich nach Hause fahre.

INES: Kannst du ja auch, wenn du willst!

EVA *sieht ihre Mutter diesmal direkt an.* Ich denke, es ist jetzt Zeit zu gehen.

INES: Aber Kind, brauchst du denn keine Stärkung für den langen Weg?

EVA: Ich werde es auch ohne schaffen. Das habe ich schon öfters.

INES: Da bin ich froh, denn viel anbieten kann ich dir auch nicht.

EVA: Kein Problem.

INES *erhebt sich aus ihrem Sessel.* Dann mach es gut und ich wünsche dir viel Glück.

EVA: Ja. Mal sehen, ob mein Weg mich wieder hier her führen wird.

INES: Du wirst es schon wissen.

EVA *überlegt einen Moment.* Ich habe übrigens geheiratet. Er heißt Milan. Ein wunderbarer Mann. Letztes Jahr war die Hochzeit.

INES *sieht zu ihrer Tochter auf und blickt sie erstaunt an.* Ich könnte auch aufhören zu lesen und du erzählst mir davon. Ich würde gern etwas hören.

EVA: Das wäre nett. Aber du weißt ja, ich muss weiter.

INES *wendet den Blick wieder ab.* Ja natürlich. Aber ich hoffe du wirst den richtigen Weg gehen.

EVA: Ganz sicher.

INES *streckt Eva ihre Hand hin.* Gute Reise.

EVA: Danke. *Pause.* Sollte ich nicht vielleicht doch noch was hier essen?

INES: Du wirst es auch ohne essen schaffen.

EVA: Muss ich wohl. Dann mach es gut.

INES: Leb´ wohl. *Eva verlässt die Wohnung und schließt die Tür hinter sich. Ines bleibt in ihrem Sessel zurück.*

Vorhang

DRITTE SZENE

*Evas und Milans Wohnzimmer. Eva sitzt Milan gegenüber
an einem Tisch und starrt wortlos auf den Boden. Sie
weint. Milan beobachtete sie. Er steht ab und zu auf, läuft
um den Tisch herum um ihr die Hand auf die Schulter zu
legen. Er lässt es aber jedes mal wieder bleiben.*

Eva, Milan

EVA *schluchzend:* Wieso hast du das getan? Gibt es eine
Erklärung dafür? Ich hätte alles für dich getan!

MILAN: Ich kann dir gar nicht sagen, wie sehr ich es be-
dauere! Wenn ich es nur ungeschehen machen könnte!

EVA *zuckt mit den Achseln.* Es spielt keine Rolle mehr.

MILAN: Liebst du mich denn jetzt nicht mehr?

EVA *steht abrupt auf.* Ob ich dich noch liebe fragst du?
Wie kannst du es wagen, an meiner Liebe zu zweifeln,
während du mir das ganze erste Jahr unserer Ehe untreu
warst?

MILAN *verlegen:* Es war nur ein einziges Mal und ich be-
dauere es von Herzen.

EVA *schüttelt den Kopf.* Das nützt nichts mehr. Es ist aus!
Sie dreht sich in Richtung Tür.

MILAN *hält sie am Arm fest.* Hör mich doch wenigstens
an! Ich habe dir sogar Blumen gekauft. *Er streckt ihr
einen großen Strauß mit roten Rosen entgegen.*

EVA *mit verachtendem Blick auf die Blumen*: Dadurch än-
dert sich auch nichts mehr.

MILAN *mit traurigem Blick*: Und meine Reue zählt für
dich gar nicht?

EVA: Es kommt zu spät.

MILAN *traurig:* Ich ahnte es.

EVA *nach langem Schweigen:* Wieso hast du das getan?

MILAN: Du hast mich in letzter Zeit so wenig beachtet. Ich war einsam.

EVA: Nun wirst du erst mal wissen, was Einsamkeit bedeutet. Leb´ wohl.

MILAN: Du willst einfach verschwinden? Was wird denn jetzt aus uns?

EVA: Nichts. Absolut nichts mehr. Du hast deine Chance verwürgt.

MILAN: Du solltest wissen, dass ich dich wirklich geliebt habe.

EVA: Das bezweifle ich! Aber dazu musstest du mir gar nicht erst untreu werden. Das hat man schon vorher gespürt. Ich hatte es geahnt und hätte meinem Instinkt vertrauen sollen. Dann wäre ich jetzt nicht in dieser Lage und hätte viel früher einen Schlussstrich gezogen. *Pause.* Ich werde mit Sicherheit nicht so enden wie meine Mutter und mich jahrelang betrügen lassen.

MILAN *empört:* Du bist doch verrückt, zu glauben, dass ich dich vorher schon nicht geliebt hätte. Das tue ich doch immer noch. Und ich bin nicht wie dein Vater!

EVA: Ich wünsche dir noch ein schönes Leben, Milan. Ich hoffe, du findest wonach du suchst im Leben. Ich werde es jedenfalls versuchen.

MILAN: Eva...*Eva steht auf. Sie winkt ihm zum Abschied, während eine Träne ihre Wange hinunter läuft. Milan erhebt sich ebenfalls. Sie stehen sich eine Weile stumm gegenüber, bis sich Eva umdreht und zur Tür läuft. Sie schaut noch einmal über ihre Schulter zu Milan, schüttelt den Kopf und geht.*

Vorhang

VIERTE SZENE

Ines Wohnung. Eva tritt ein. Die unausgepackten Kartons stehen immer noch herum. Eva beachtet es kaum. Sie läuft auf ihre Mutter zu, die gerade die Wäsche zusammen legt.

Eva, Ines

EVA: Was machst du gerade?

INES *verdreht die Augen.* Mensch Kind, ich mache die Wäsche. Das siehst du doch!

EVA: Ja, entschuldige bitte. Ich war mit den Gedanken woanders.

INES *blickt auf.* Warum bist du diesmal hier?

EVA: Es ist nicht wichtig. Für dich spielt es eh keine Rolle.

INES: Dann wird es wohl nicht wichtig sein.

EVA *lässt den Kopf hängen.* Ich habe meinen Mann verlassen.

INES *zuckt mit den Schultern.* War zu erwarten.

EVA: Wieso glaubst du nie daran, dass ich etwa schaffen könnte?

INES: Natürlich glaube ich daran. *Eva blickt sie zweifelnd an.* Es kommt nur so selten vor.

EVA *schüttelt den Kopf.* Du bist abscheulich.

INES: Wieso kommst du dann immer wieder?

EVA *erwartungsvoll:* Vielleicht kannst du mir einen Rat geben.

INES: Was sollte ich dir denn dazu sagen?

EVA: Ich weiß es nicht. War nur so ein Gedanke.

INES: Du gehst deine Probleme falsch an.

EVA: Du hast doch keine Ahnung! Was weißt du denn schon über mein Leben? Du warst doch nie da!

INES: Da hast du auch wieder Recht.

EVA *mit bedrückter Stimme:* Ich bin einsam.

INES: Und was willst du von mir? Dass ich dir Gesellschaft leiste? Denkst du wirklich, meine Anwesenheit könnte deinen Schmerz lindern? *Sie sieht Eva fragend an.*

EVA: Vielleicht. Das wäre schön. Ich hatte es zumindest gehofft.

INES: Du weißt, dass ich das nicht kann.

EVA: Ja, ich weiß.

INES *mit sanfterer Stimme:* Wieso hast du ihn verlassen?

EVA: Er hat mich betrogen.

INES *bestimmt:* Naja, die andere Frau wird wohl hübscher sein als du!

EVA *verschränkt beleidigt die Arme vor der Brust.* Findest du mich nicht hübsch?

INES: Wieso legst du immer gleich alles auf die Goldwaage?

EVA: Es spielt auch keine Rolle mehr. Es ist vorbei.

INES: Was willst du dann noch hier?

EVA *fast flüsternd:* Ich dachte, du wüsstest vielleicht warum das passiert ist!

INES: Was habe ich denn schon wieder mit dieser Sache zu tun?

EVA: Gar nichts. War nur so ein Gedanke.

INES: Hör auf damit, mich für deine Probleme verantwortlich zu machen.

EVA *weicht etwas zurück.* Entschuldige.

INES: Ist noch was? Ich habe zu tun!

EVA: Nein, ich werde jetzt gehen!

INES: Ich wünsche dir eine gute Heimreise.

EVA: Was meinst du, warum er das getan hat?

INES *überrascht:* Da fragst du mich? Falls du es vergessen hast: Ich habe mich von deinem Vater jahrelang betrügen lassen. Aber ich habe es im Gegensatz zu dir toleriert und mich nicht beschwert. Es ist nun mal nicht einfach einen Mann zu finden. Vor allem nicht für dich.

EVA *verärgert:* Willst du etwa sagen, es ist meine Schuld, dass er mich betrogen hat?

INES: Nein, aber vielleicht solltest du dir angewöhnen, dich nicht selbst immer so wichtig zu nehmen und Fehler an anderen Menschen einfach zu akzeptieren!

EVA: Hat es dich nie verletzt, dass Papa dich so behandelt hat?

INES: Das spielt keine Rolle mehr.

EVA: Okay, ich verstehe.

INES: Gar nichts verstehst du! Woher willst du denn wissen, wie ich mich damals gefühlt habe?

EVA: Aber ich wollte es ja wissen, du antwortest nur nie.

INES: Komm mir nicht so.

EVA *fährt unbeirrt fort:* Wieso hast du ihn nicht verlassen, sondern alles erduldet?

INES: Wieso stellst du solche Fragen? Es ist doch schon lange alles vorbei! Du solltest dich um dein Leben kümmern, bevor es vorbei ist und du alle Chancen verpasst hast. So wie ich es getan habe.

EVA: Das wird mir nicht passieren. Mein Mann ist mir nur einmal untreu gewesen. Er ist nicht wie Papa.

INES: Du lebst in einer Traumwelt, mein Kind. Wieso sollte es dir anders ergehen als mir? Nenne mir nur einen Grund.

EVA: Ich habe die Freiheit, mein Leben anders zu leben als du.

INES: Das ist aber kein Segen - wie du vielleicht glauben magst - sondern ein Fluch. Dadurch kommst du nur von dem vorbestimmten Weg ab.

EVA: Mein Weg ist nicht vorbestimmt! Ich habe das Recht, so zu werden wie ich es für richtig halte.

INES: Natürlich, das denkst du vielleicht ja jetzt noch.

Aber warte ab. Du wirst es noch sehen.

EVA: Woher willst du das wissen? Was weißt du schon über mein Leben und was ich alles noch daraus machen könnte.

INES: Aber Kind, wie soll ich etwas darüber wissen, wenn du so selten herkommst?

EVA: Du könntest mich auch mal besuchen.

INES: Du weißt genauso so gut wie ich, dass das nicht geht.

EVA: Ja, das weiß ich. Aber manchmal macht es mich traurig. *Ihr fließt eine Träne über die Wange.*

INES: Jetzt hör doch damit auf. So langsam müsstest du doch mal darüber hinweg sein, oder etwa immer noch nicht?

EVA *schluchzend:* Ich brauche Zeit.

INES: Die hast du aber nicht. Nutze lieber dein Leben und trenne dich von dem Gedanken, es könnten sich Dinge verändern, die schon längst vorbestimmt sind.

EVA *wischt sich die Tränen aus dem Gesicht.* Ich weiß. Du hast Recht.

INES: Natürlich habe ich Recht. Und jetzt komm wieder zu Sinnen und geh nach Hause.

EVA: Ja, das werde ich tun. Und ich kann dir hier nichts mehr helfen?

INES: Was redest du da? Hier gibt es doch nichts mehr zu tun.

EVA: Ach ja, stimmt. Also mach es gut. Auf bald!

INES: Du solltest vielleicht nicht wieder kommen. Meinst du nicht auch, dass das besser für dich wäre?

EVA *denkt kurz darüber nach.* Wahrscheinlich.

INES: Na siehst du. Mach es gut. *Eva überlegt einen Moment lang zu gehen, dreht sich dann aber doch wieder um und sieht ihre Mutter direkt an. Das erste Mal in diesem Gespräch.*

EVA: Mama, ich bin schwanger!

INES *ohne bemerkbare Reaktion:* So? Na, das ist doch eine gute Sache.

EVA *empört:* Gute Sache? Mein Mann hat mich betrogen und ich bekomme ein Kind von ihm, obwohl ich ihn verlassen habe!

INES: Ich sagte doch, mal sollte sich das überlegen.

EVA *schüttelt den Kopf.* Ich sehe schon, du verstehst mich einfach nicht.

INES: Das habe ich nie.

EVA: Ich schätze, dann ist es vielleicht wirklich besser, wenn ich jetzt gehe. *Sie steht auf und geht zur Tür. Sie wartet einen Moment darauf, dass ihre Mutter sie aufhält, aber diese dreht sich nicht einmal mehr zu ihr um.*

INES *ohne auf zusehen:* Ich wünsche dir viel Glück. *Eva dreht sich noch einmal nach ihrer Mutter um, verlässt die Wohnung und läuft nach Hause.*

Vorhang

FÜNFTE SZENE

Evas und Milans Wohnzimmer. Sie sitzen einander wieder gegenüber und schweigen. Sie sehen sich in die Augen.. Eva steht auf und läuft zu Milan herüber, so dass sie direkt über ihm steht.

Eva, Milan

EVA: Kann ich darauf vertrauen, dass sich das nicht wiederholen wird?

MILAN *beflissen:* Das kannst du, meine Liebe! Ich werde alles tun, um es wieder gut zu machen, wenn du mir verzeihen solltest.

EVA: Ich möchte unsere Ehe nicht einfach so aufgeben. Das wäre schwach. Wir müssen es weiter versuchen, um uns selbst zu beweisen, dass wir es besser machen können.

MILAN: Da bin ich froh, denn ich habe immer noch die gleichen Gefühle für dich wie am Anfang.

EVA *etwas herablassend:* Das spielt keine Rolle. Wir dürfen nicht versagen. Das könnte ich nicht verkraften. Wir müssen uns mehr anstrengen und du darfst dir so etwas nicht mehr erlauben.

MILAN *legt liebevoll den Arm um seine Frau.* Das werde ich nicht. Ich verspreche es dir.

EVA: Dann werden wir unseren gemeinsamen Weg fortsetzen. Ich hoffe, ich werde es nicht noch bereuen. Aber die Kinder brauchen nun mal beide Elternteile.

MILAN: Du wirst es nicht bereuen. Ich werde gut für euch sorgen. Wenn die Mädchen erst da sind, werden wir eine richtige Familie sein.

EVA *sieht ihn zweifelnd an.* Zwillinge sind aber viel Arbeit! Das weißt du hoffentlich.

MILAN: Natürlich, aber gemeinsam können wir das schaffen.

EVA: Ja, sicher...*sie sieht etwas verunsichert auf ihren Bauch, der mittlerweile schon recht dick geworden ist.*

MILAN *mit fester Stimme:* Wir werden es schaffen!

EVA: Das müssen wir einfach! *Sie sehen einander an und schweigen wieder. Nach einer Weile verlässt Eva den Raum.*

Vorhang

SECHSTE SZENE

Ines Wohnung. Eva sitzt diesmal im Sessel und sieht der Mutter beim Kochen zu.

Eva, Ines

INES *ohne Eva anzusehen:* Du bist also wieder zu ihm zurück gegangen?

EVA *etwas überrascht:* Das hast du mir doch geraten!

INES: Was habe ich? Mein Kind, ich habe dir gar nichts geraten. Diese ganze Sache geht mich rein gar nichts mehr an.

EVA: Aber du hattest Recht! Man darf sich nicht immer nur um sich kümmern, sondern sollte sich auch opfern können in einer Ehe.

INES *schüttelt den Kopf.* Du hast es einfach nicht verstanden.

EVA: Was habe ich nicht verstanden?

INES: Unwichtig, es spielt doch keine Rolle.

EVA *flehend:* So sag mir doch, was du denkst!

INES: Du solltest dich fragen, was du denkst und nicht meine Meinung über alles stellen.

EVA: Das tue ich nicht, ich interessiere mich nur für das, was du sagst.

INES *sieht ihre Tochter fragend an.* Ist das so?

EVA: Natürlich!

INES: Das habe ich aber anders in Erinnerung.

EVA: Weil du es immer so glauben wolltest!

INES: Wenn du meinst.

EVA: Ich werde glücklich mit ihm werden, wenn ich mich

anstrenge. Das werde ich!

INES: Da bin ich sicher.

EVA: Du bist dir nicht sicher, aber es ist auch egal. Hauptsache ich bin es.

INES: Wenn du dir so sicher bist, warum bist du dann hier?

EVA: Ich wollte dir nur berichten, was in meinem Leben passiert!

INES: Wozu?

EVA: Ich dachte, du wolltest es wissen.

INES *nickend:* Aha.

EVA: Aber ich sehe schon, ich sollte besser gehen.

INES *in ernstem Ton:* Du lernst es nie.

EVA *verwundert:* Was meinst du denn?

INES: Das wirst du noch sehen.

EVA: In Ordnung.

INES: Geh jetzt, mein Kind und lebe dein Leben.

EVA: Das tue ich doch!

INES: Ich meine, du sollst dein wahres Leben in Angriff nehmen und nicht bei mir sitzen und versuchen es zu analysieren.

EVA: Ich analysiere nicht, ich versuche nur Antworten zu finden.

INES: Hier gibt es keine Antworten auf deine Fragen. Du musst sie wo anders suchen.

EVA *überlegt.* Ich wüsste nicht wo.

INES: Du wirst es schon noch wissen.

EVA: Wenn du meinst.

INES: Geh nach Hause, Kind.

EVA: Wenn du willst dann geh ich, aber ich muss dich noch etwas fragen.

INES *etwas genervt*: Was ist denn noch?

EVA: Habe ich mich richtig entschieden?

INES: Oh Gott, Kind! Wie sollte ich dir das sagen können?

EVA *enttäuscht:* War nur so ein Gedanke.
INES: Finde es heraus.
EVA: Ich werde es versuchen.
INES: Mach das.
EVA: Leb´ wohl, Mutter. Auf bald!
INES: Mach es gut. *Eva verlässt die Wohnung und lässt die Mutter in der Küche zurück.*

Vorhang

ZWEITER AKT

ERSTE SZENE

Ein etwas herunter gekommenes Café in der Nähe der Stadt. Eva sitzt alleine an einem Tisch in der Mitte des Raumes. Sie blickt gedankenverloren aus dem Fenster.

Eva, Milan, ein Kellner

EIN KELLNER *beugt sich leicht herunter, um ihre Aufmerksamkeit zu bekommen.* Kann ich Ihnen etwas bringen?

EVA: Nein, danke. Ich werde nicht lange hier sitzen bleiben. *Sie schweigt einen kurzen Moment.* Kennen Sie das Gefühl, wenn einem die Einsamkeit unter Leuten noch größer erscheint als die, die man alleine zu Hause verspürt? *Sie wartet einen Moment lang auf eine Antwort des Kellners. Da er aber nur dasteht und ihr zuhört, fährt sie fort:* Man begibt sich in die Öffentlichkeit, um der Einsamkeit zu entgehen, dabei macht es einem den Schmerz des Alleinseins nur noch bewusster. Es ist frustrierend!

EIN KELLNER *etwas verunsichert:* Ja, ich verstehe was Sie meinen.

EVA *sieht ihn das erste Mal richtig an.* Das tun sie nicht. *Pause.* Müssen Sie aber auch nicht. Es spielt keine Rolle. Irgendwann wissen Sie es. Sie werden es noch selbst heraus finden.

EIN KELLNER: Wenn Sie noch etwas brauchen, dann rufen Sie einfach nach mir. Eva *winkt ihn ab. Ein gut ausse-hender Mann Ende zwanzig betritt den Raum. Er sieht sich um und als er Eva entdeckt, steuert er direkt auf sie zu.*

MILAN: Es ist schön, dass wir uns treffen!

EVA *beachtet ihn zunächst nicht.* Ja, es ist Zeit dafür nach über drei Jahren.

MILAN *setzt sich neben sie.* Ich bedauere sehr, was vorge-fallen ist. Obwohl ich es immer noch nicht ganz verstehen kann. *Sie verfallen in kurzes Schweigen. Milan ist sicht-lich nervös.*

EVA: Wie geht es den Kindern?

MILAN: Sie vermissen dich.

EVA: Ja, ich weiß. Ich wollte sie besuchen kommen.

MILAN: Wir würden uns freuen.

EVA: Dann komme ich in Kürze vorbei.

MILAN: Das ist schön.

EVA *sieht ihn an.* Wie läuft deine Arbeit?

MILAN: Es geht voran, aber ich war schon mal besser im Geschäft.

EVA: Ja, du siehst ziemlich geschafft aus.

MILAN *nickt.* Ich hatte aber auch viel zu tun, so alleine mit den Kindern.

EVA *richtet sich auf.* Willst du mir Vorwürfe machen? Dann geh bitte wieder.

MILAN: Ich möchte es nur verstehen.

EVA *setzt sich wieder auf ihren Stuhl.* Da gibt es nichts zu verstehen.

MILAN: Es ist in Ordnung, ich bin nicht böse auf dich. *Er legt eine lange Pause ein.* Aber könntest du dir nicht vor-stellen, dass wir nochmal von vorne anfangen und versu-chen, alles wieder hin zu bekommen? *Er blickt sie traurig an.* Als du mich vor drei Jahren verlassen hast, war doch eigentlich alles in Ordnung. Ich weiß gar nicht so genau, wieso du gegangen bist. *Er wirkt verunsichert und zittert leicht.*

EVA: Denkst du etwa, es kann alles wieder wie früher werden? Du spinnst! Nichts kann wieder so werden wie vorher. Du weißt auch wieso. Du bist nicht vertrauenswürdig. Du arbeitest zu viel. Ich will nicht immer die Nummer zwei für dich im Leben sein. Außerdem hat es von Anfang an nicht funktioniert. Wir haben uns doch nur etwas vor gemacht.

MILAN *etwas irritiert:* Aber du warst mir doch immer das Wichtigste. Wie kannst du daran zweifeln? Meine Gefühle für dich lassen doch gar keinen Raum für Zweifel. Ich bin mir darüber bewusst, dass ich einen Fehler gemacht habe damals, aber ich habe dein Vertrauen doch danach nie wieder enttäuscht!

EVA *schüttelt den Kopf.* Du verstehst gar nichts.

MILAN: Das habe ich nie.

EVA: Es ist nicht mehr wichtig. Es ist vorbei. Die Kinder werde ich aber besuchen kommen. Ich bin eine gute Mutter!

MILAN: Daran habe ich keine Zweifel.

EVA *vorwurfsvoll:* Doch, du zweifelst. Das hast du immer.

MILAN: Du kannst sie immer besuchen, wenn du willst.

EVA: Sei nicht so selbstgefällig! Das werde ich selbstverständlich tun.

MILAN: Das ist schön.

EVA *fügt eifrig hinzu:* Das hat aber nichts mit uns beiden zu tun. Bild dir nicht ein, ich würde zu dir zurück kommen wollen.

MILAN: Das würde ich nie wagen. Du hast etwas besseres verdient. Aber deine Kinder brauchen dich. Carolin kann mittlerweile sogar schon laufen.

EVA: Aha.

MILAN: Lena hat auch schon gesprochen. Sie kann schon Papa sagen. Sie entwickeln sich völlig unterschiedlich.

EVA: Und nur weil sie Papa gesagt hat, bildest du dir ein,

dass du ein guter Vater wärst? Dass ich nicht lache!

MILAN *sieht verlegen weg.* Nein, natürlich nicht. Entschuldige.

EVA: Gut.

MILAN: Ich möchte nur, dass die Mädchen auch eine Mutter haben.

EVA *empört:* Sie haben eine Mutter! Was fällt dir ein?

MILAN: Ich meine eine Mutter, die auch für sie da ist.

EVA: Ich komme morgen vorbei und werde mich mit ihnen befassen. Sie können mir dann alles aus ihrem Leben erzählen. Ich werde mich bemühen, mich für alles zu interessieren.

MILAN: Mehr erwarte ich nicht von dir.

EVA: Mehr kann ich auch nicht geben.

MILAN *steht auf und zieht seinen Mantel an. Er ist bereit zu gehen.* Dann mach es gut. Wir sehen uns dann morgen, nehme ich an.

EVA *denkt darüber nach.* Ja, irgendwann komme ich vorbei. Dann sehen wir uns sicher.

MILAN: Wahrscheinlich...*Er verlässt das Café ohne sich um zudrehen. Eva sieht ihm mit böser Miene nach. Der Kellner kommt wieder, doch sie verscheucht ihn mit einer abwinkenden Geste.*

Vorhang

ZWEITE SZENE

Ines Wohnung. Eva betritt den Raum. Ines macht gerade den Abwasch. Sie beachtet sie nicht weiter. Aber sie dreht den Kopf, als Eva den Raum betritt.

Eva, Ines

EVA *blickt sich im Raum um:* Ich sehe, es hat sich nicht viel geändert!

INES: Was soll sich geändert haben?

EVA: Ich dachte nur.

INES *schüttelt den Kopf.* Du und deine Vorstellungen!

EVA: Was machst du gerade?

INES: Was soll denn immer diese Fragerei? Du siehst doch, ich wasche ab! Kommst du immer nur her um komische Fragen zu stellen?

EVA *beleidigt:* Ich wollte sehen, wie es dir ergangen ist!

INES: Warum willst du das immer wissen? Mein Mann hatte mich verlassen. Meine Tochter hatte mich verschmäht. Und nun bin ich hier. Was meinst du wohl, wie es mir ergangen ist?

EVA *dreht sich verlegen zur Seite.* Es tut mir Leid.

INES *an Eva gewandt:* Ich wüsste gerne, was in deinem Leben so passiert!

EVA: Du hast dich nie interessiert.

INES: Mein Gott, Kind! Du musst schon kommen und es mir erzählen. Wie soll ich sonst wissen, ob etwas passiert ist?

EVA *nickt.* Ja, da hast du Recht.

INES: Was gibt es neues?

EVA: Ich habe Zwillinge bekommen. Zwei Mädchen. Sie sind wunderhübsch. Eine echte Freude.

INES: Dann bist du also glücklich verheiratet?

EVA *beschämt:* Ich habe ihn verlassen.

INES: Ich wusste es!

EVA: Es war nicht meine Schuld! Geh nicht immer davon aus, dass es meine Schuld ist!

INES: Aha. Wessen Schuld ist es bitte dann?

EVA: Er war nicht der Richtige für mich.

INES: Ja, wer könnte das schon sein?

EVA: Was willst du damit sagen?

INES: Nichts. Es tut mir Leid, dass deine Ehe kaputt ist. Aber du hast ja wenigstens noch deine Kinder - im Gegensatz zu mir damals.

EVA: Ja, da hast du Recht.

INES: Du siehst sie doch regelmäßig, oder?

EVA *schweigt einen Moment lang betreten.* Ja, ich habe vor, sie demnächst zu besuchen!

INES: Demnächst? Willst du denn nicht an ihrem Leben Teil haben? Willst du denn keine gute Mutter sein?

EVA *beleidigt:* Ich bin eine gute Mutter!

INES: Natürlich. Was sonst?

EVA *mit lauter Stimme:* Ich interessiere mich für sie!

INES: Bald wird es dir wie mir ergehen.

EVA: Wie meinst du das?

INES: Du wirst dich an die Einsamkeit gewöhnen und sie nicht mehr traurig finden!

EVA: Ich bin nicht einsam. Ich führe ein anders Leben als du!

INES *fängt an zu lachen.* Das wolltest du vielleicht mal.

EVA: Nein, ich bilde mir das nicht ein.

INES: Wenn du meinst!

EVA: Du hast doch keine Ahnung!

INES: Das mag sein. Aber dennoch solltest du aufhören,

zu verleugnen was du bist!

EVA: Was bin ich denn?

INES: Du bist wie ich. Meine Tochter eben.

EVA *verärgert:* Ich könnte niemals so werden wie du! Ich habe Freunde und ein richtiges Leben!

INES: Willst du sagen, ich hatte kein wirkliches Leben?

EVA *weicht zurück.* Nein, entschuldige!

INES: Du wunderst dich, dass ich nie in dein Leben gehört habe, wenn du es als verabscheuend betrachtest, so zu sein wie ich.

EVA: Ich finde dich nicht verabscheuenswert.

INES: Du wirst es am besten wissen!

EVA *verärgert:* Weiß ich auch!

INES: Wirst du mir irgendwann mal verraten, warum du nach so langer Zeit immer wieder bei mir auftauchst?

EVA: Ich möchte etwas von dir erfahren.

INES: Du weißt es doch alles selber!

EVA *trotzig:* Ich will es aber von dir hören!

INES: Was könnte ich dir schon großartig dazu sagen? Es liegt doch alles auf der Hand.

EVA: Ich versuche nur, es zu verstehen.

INES: Das wirst du irgendwann, dazu brauchst du mich doch nicht.

EVA: Was, wenn ich es nicht schaffe?

INES: Das wirst du. Aber erst, wenn du lernst loszulassen.

EVA: Das habe ich doch schon lange.

INES: Wieso bist du dann noch hier?

EVA: Das habe ich dir doch gesagt. Ich brauche einen Rat von dir.

INES: Ich kann dir nichts geben. Das weißt du doch. Hör auf nach Antworten an den falschen Plätzen zu suchen.

EVA *enttäuscht:* Aber ich war mir so sicher, du wüsstest ein paar davon.

INES: Es ist zu spät! Wir hätten früher damit anfangen sollen.

EVA: Vielleicht aber auch nicht. Ich glaube, du kannst mich wieder dorthin zurück bringen, wo ich angefangen habe und alles ungeschehen machen. Wenn nicht du, wer denn sonst?

INES: Du erwartest zu viel. Ich bin nicht allmächtig. Du solltest nicht alle Hoffnungen auf mich projizieren.

EVA *bedrückt:* Aber welche andere Möglichkeit habe ich denn noch?

INES *läuft zu Eva und legt ihr zärtlich die Hand auf die Schulter.* Lass los, mein Kind. Es nützt dir nichts mehr. Es ist vorbei. Die Würfel sind gefallen. Solange du das nicht akzeptieren kannst, wird sich nie etwas ändern!

EVA: Aber ich habe Angst davor los zu lassen. Du wirst dann für immer verschwinden.

INES: Ich war doch schon lange vorher weg. *Pause.* Ich habe viele Fehler gemacht. Aber das heißt nicht, dass du sie auch machen musst. *Sie sieht Eva direkt in die Augen.* Klammere dich nicht an Menschen, die es nicht mehr gibt.

EVA *denkt nach.* Aber ich war mir so sicher. Ich meine, wo ich dich doch immer noch sehen kann.

INES: Geh deinen Weg. Es gibt keine Chance mehr, etwa daran zu ändern. Im Leben hat es mit uns nicht funktioniert. Warum auch immer. Aber lass mir wenigstens jetzt meinen Frieden.

EVA: Wie du meinst. Ich werde jetzt gehen!

INES *fast schon ein wenig bedauernd:* In Ordnung. Komm gut nach Hause!

EVA *platzt heraus:* Wieso hast du damals deine Kinder verlassen?

INES *genervt:* Immer diese Vorwürfe! Ich habe euch nicht verlassen. Ihr habt euch abgewendet. Ich bin doch keine Rabenmutter. Ich habe euch geliebt.

EVA: Warum hast du dich dann nie bemüht, dass etwas anders wird, wenn wir dir wichtig waren? *Pause.* Wieso wolltest du nie mit uns spielen als wir klein waren oder hast uns etwas über uns gefragt?

INES: Was hättest du mir denn sagen wollen?

EVA *schüttelt den Kopf.* Nichts. Es ist unwichtig.

INES: Wusste ich doch.

EVA: Gar nichts weißt du. Ich mache es bei meinen Kindern anders.

INES: Falls es dir entgangen sein sollte: Du hast es doch schon genauso gemacht wie ich!

EVA *empört:* Das ist nicht wahr. Ich bin immer für meine Kinder da. Ich werde sie morgen besuchen.

INES *mit zynischem Ton in der Stimme:* Na, wenn du sie morgen besuchst...

EVA: Du brauchst nicht zynisch zu werden. Ich muss mir keine Vorwürfe machen lassen.

INES: Aber wenn du doch so anders bist als ich, wieso ist dir mein Rat dann so wichtig? Doch sicher deshalb, weil ich die Einzige bin, die dich noch verstehen kann.

EVA *verschränkt die Arme vor der Brust.* Das ist doch Unsinn! Du verstehst gar nichts.

INES: Mehr als du denkst.

EVA: Ich werde jetzt gehen.

INES: Mach das und vergesse nicht, morgen deine Kinder zu besuchen. Wenn du das nicht tust, kann dir keiner mehr helfen, nicht so zu werden wie ich. Mach nicht die gleichen Fehler. Ich bitte dich!

EVA *sieht ihre Mutter lange an.* Bereust du es, dass du nie für uns da warst?

INES: Wie könnte ich in meinem Zustand noch etwas bereuen. Ich habe Buße getan. Aber bei dir muss es ja gar nicht erst soweit kommen. Es sei denn, du provozierst es bewusst.

EVA *winkt ab.* Mach dich nicht lächerlich.

INES: Ich versuche es.

EVA *steht auf.* Ich werde dich nicht wieder besuchen.

INES: Das wurde Zeit.

EVA *fügt hinzu:* Ich werde dich aber vermissen.

INES: Sei bitte nicht albern, wir haben uns doch schon vor acht Jahren verabschiedet.

EVA *mit trauriger Stimme:* Es fällt immer wieder schwer.

INES: Denk nicht mehr an mich. Lebe einfach dein Leben.

EVA: Ich werde es versuchen.

INES: Mehr kann man nicht von dir erwarten. *Eva läuft zur Tür. Sie zieht ihren Schal und ihren Mantel an. Die Mutter winkt zum Abschied, als Eva die Tür hinter sich schließt.*

Vorhang

DRITTER AKT

ERSTE SZENE

Im Haus von Evas Familie. Eva, Milan und ihre beiden Töchter sitzen gemeinsam am Tisch und essen. Die Stimmung ist angeheitert.

Eva, Milan, Carolin, Lena

LENA: Mama, ich hätte gerne noch einen Nachtisch!

EVA: Den bekommst du erst, wenn du alles andere aufgegessen hast! *Sie lächelt ihre Tochter an.*

MILAN *grinst in die Runde.* Ich hätte ehrlich gesagt auch Lust auf einen Nachtisch.

EVA: Na gut. Ich bereite uns noch etwas vor. *Sie erhebt sich aus ihrem Stuhl.*

ALLE *freudig rufend:* Au ja!

MILAN: Ich werde dir helfen. Ihr Mädchen esst noch brav auf! *Lena und Carolin nicken beide, während die Eltern in die Küche verschwinden.*

EVA: Ach, die Kinder werden so schnell groß, bald werden sie uns noch über den Kopf wachsen.

MILAN: Sie sehen genauso aus wie du.

EVA *empört:* Nein, das tun sie nicht.

MILAN *etwas verwirrt:* Das sollte eigentlich ein Kompliment sein. Sie sind doch hübsch!

EVA: Meine Töchter sind eigenständige Menschen. Sie können machen, was sie wollen und aussehen, wie sie wollen. Sie müssen nicht so werden wie ich.

MILAN: Wieso wirst du auf einmal so böse? *Eva antwortet nicht.* Warum findest du es denn so schlimm, wenn deine Töchter mit dir verglichen werden?

EVA: Ich finde das nicht schlimm! Ich bin nur der Meinung, man sollte seinen Eltern nicht alles nachmachen.

MILAN: Du brauchst dir doch keine Sorgen zu machen, ob sie später mal so werden wie wir. Sie werden ihr eigenes Leben führen und sich selbstständig entwickeln.

EVA: Man kann es nur hoffen.

MILAN: Du hast es doch immerhin auch geschafft anders zu werden als deine Eltern.

EVA *mit wütender Stimme:* Du willst damit doch hoffentlich nicht sagen, dass mein Verhalten etwas mit meinen Eltern zu tun hat?

MILAN: Nein, natürlich nicht Liebes. Lass uns nicht streiten. *Er sieht sie versöhnlich an.*

EVA *aufgebracht*: Weißt du was? Es hat sich im Grunde nichts geändert. Ich bin nur wieder zu dir zurück gekehrt, weil ich dachte, es würde diesmal besser klappen.

MILAN: Wieso reagierst du immer noch so empfindlich auf deine Eltern?

EVA *schreit ihn an:* Das hat nichts mit meinen Eltern zu tun! Das hab ich dir doch schon mal gesagt.

MILAN: Wenn du meinst, aber du solltest endlich verarbeiten, was damals passiert ist.

EVA: Was sollte ich denn bitte verarbeiten? Mir geht es gut. Du bist hier derjenige mit den Problemen.

MILAN: Es tut mir Leid. Ich weiß, dieses Thema ist nicht einfach für dich, aber irgendwann musst du dich doch mal damit auseinander setzten.

EVA *beugt sich zu ihm herüber.* Das Einzige, womit ich mich ständig auseinander setzten muss, ist diese gezwungene Ehe und diese heuchlerische Familie, die wir uns hier aufgebaut haben. Das ist doch alles Betrug. So etwas wie eine heile Familie kann es gar nicht geben. Der Schein trügt immer!

MILAN *verletzt:* Hältst du mich für einen Heuchler?

EVA: Ich dachte erst, du wärst anders!

MILAN *verärgert:* Ich habe es immer ernst gemeint mit dieser Familie. Aber du scheint durch die Vergangenheit einfach zu viel Hass und Misstrauen auf die Welt entwickelt zu haben.

EVA: Ich hätte dir niemals verzeihen dürfen und wieder zu dir zurück kommen sollen.

MILAN: Diese ganze Sache hat doch gar nichts mit mir zu tun. Du musst endlich die Angst ablegen, so werden zu können wie deine Mutter.

EVA *sieht ihn lange an.* Ich habe keine Angst davor, zu werden wie meine Mutter.

MILAN: Euer Verhältnis war nie das beste. Aber das ist nun mal nicht mehr zu ändern. Sie ist tot.

EVA *verunsichert:* Ich weiß nicht, was du da schon wieder redest, aber ich habe keine Lust mehr dir zuzuhören!

MILAN: Schon seit Jahren versuche ich dir nun zu helfen über ihren Tod hinwegzuhelfen, aber du lehnst ja alle Versuche meinerseits ab.

EVA: Ich brauche deine Hilfe nicht. Ich komme bestens zurecht in meinem Leben.

MILAN: Ja, das glaube ich dir. Aber in Zukunft ohne mich. Ich mache das nicht mehr mit. Ich bin am Ende meiner Kräfte. Ich habe dich wirklich geliebt, aber du hast es nie zugelassen. Ich möchte das jetzt nicht mehr.

EVA *erwidert abwertend:* Liebe? Du weißt doch gar nicht was das ist. Wenn du mich einfach so verlassen willst, dann bitte. Ich werde jetzt verschwinden!

MILAN *mit trauriger Miene:* Sagst du wenigstens den Kindern noch auf wiedersehen?

EVA *mit verachtender Stimme:* Siehst du? Ich wusste, du denkst, dass ich eine schlechte Mutter bin. Deshalb will ich auch nicht, dass sie ihre Mutter so sehen. Ich werde sie regelmäßig besuchen kommen.

MILAN: Wie du es für richtig hältst.

EVA: Mach es gut, Milan.

MILAN: Leb´ wohl. *Eva verlässt das Haus durch die Hintertür. Milan bleibt alleine in der Küche zurück.*

Vorhang

ZWEITE SZENE

Vor Ines Wohnung. Eva und Ines sitzen gemeinsam auf einer Bank und schweigen. Sie sehen beide stur gerade aus, ohne den anderen auch nur eines Blickes zu würdigen.

Eva, Ines

EVA verwirrt: Wieso treffen wir uns vor deinem Haus und nicht in deiner Wohnung?

INES: Ich möchte, dass du etwas siehst. *Sie zeigt auf die Fenster im ersten Stock. Die Wohnung scheint leer zu sein.*

EVA: Ich verstehe das alles nicht ganz.

INES: Das wirst du noch. Aber ich muss mich nun verabschieden.

EVA: Du darfst noch nicht gehen! Ich habe noch so viele Fragen.

INES *bedauernd:* Wir sollten uns nicht mehr sehen.

EVA: Du konntest mir meine Antworten sowieso nicht geben.

INES: Ich habe es versucht.

EVA: Es hat nichts genutzt.

INES *erstaunt:* Was hast du denn erwartet? Dass ich deine Probleme lösen könnte? Das konnte ich auch nicht, als ich noch am Leben war. Da hast du ja nie ein Wort mit mir gesprochen.

EVA *traurig:* Ich dachte, du wolltest es nicht hören.

INES: Es lag nicht daran. Ich hatte selber Probleme.

EVA: Ich verstehe.

INES *nach langem Schweigen:* Weißt du, ich habe deinen Vater sehr geliebt, aber er hat mich immer nur hintergangen. Und als er mich dann am Ende verlassen hat, hat es mir das Herz gebrochen.

EVA *sieht ihre Mutter an.* Hat er je erfahren, was du für ihn empfunden hast? Oder konntest du es ihm nicht sagen?

INES: Ich habe ihm sogar Liebesgedichte geschrieben. Aber er hat niemals geantwortet.

EVA *überrascht:* Liebesgedichte? Kennst du die noch? Ich würde sie gerne hören!

INES *winkt ab.* Nein, das ist doch albern. Es ist nun schon ewig her und sie waren nicht besonders gut. Richtig daran erinnern kann ich mich auch nicht mehr.

EVA *enttäuscht:* Schade, ich hätte sie gerne gehört!

INES: Naja, eines fällt mir spontan ein. Aber ich kann es dir nicht erzählen, du würdest mich nur wieder verspotten.

EVA: Nein, ganz bestimmt nicht. Ich finde es romantisch.

INES *bestimmt:* Das ist nicht romantisch. Es war dumm. Ich war damals jung und dachte, ich könnte damit etwas bezwecken, aber es hat natürlich nichts geholfen.

EVA: Aber wenigstens hast du für deine Liebe gekämpft und davor habe ich Respekt.

INES *blickt Eva liebevoll an.* So solltest du das nicht sehen. Naivität ist keine Tugend. Es bricht einem höchstens das Herz.

EVA: Ich wünschte ich könnte noch naiv sein, aber meine Angst lässt mich meine Gefühle komplett verdrängen.

INES: Damit fährt man auch nicht immer unbedingt am besten, weißt du?

EVA *nickt.* Mag sein.

INES: Ich habe immer versucht meine Gefühle zu zeigen.

EVA: Aber dennoch hast du mich immer zurück gewiesen. Wieso?

INES: Ich wollte nicht, dass du mal so wirst wie ich!

EVA *lächelt.* Seltsam! Das war auch immer meine größte Angst!

INES *lächelt zurück.* Du solltest aber nicht vergessen, dass dich nur die Angst zu dem Menschen macht, der du heute bist. Denn wenn du dich nicht so sehr davor fürchten würdest, ein Leben wie ich zu führen, dann wärst du heute ein anderer Mensch.

EVA *denkt darüber nach.* Das mag sein. Aber wer soll mir sonst den Weg im Leben weisen? Woher weiß ich, wann ich das Richtige tue, wenn ich es nicht so mache wie du.

INES: Du kannst nur etwas tun und dabei hoffen, dass es dich nicht auf den falschen Weg führt. Etwas anderes kannst du nicht machen.

EVA: Ich werde es versuchen.

INES: Ich werde jetzt aus deinem Leben verschwinden. Für immer.

EVA *erschüttert:* Aber was ist, wenn ich dich wieder brauchen sollte?

INES: Das wirst du nicht. Ich verspreche es dir. Ich weiß es!

EVA: Darf ich dich vorher noch etwas fragen?

INES s*ieht auf die Uhr.* Aber dann schnell. Ich habe nicht mehr viel Zeit.

EVA: Gibt es etwas, dass du bereust, wenn du auf dein Leben zurück blickst?

INES *überlegt einen Moment.* Eigentlich nicht. Ich bin nun mal der Mensch der ich bin und alles was geschehen ist hatte wohl seinen Grund.

EVA *blickt unsicher auf den Boden.* Achso. Verstehe. In Ordnung.

INES: Aber dass ich an deinem Leben nicht mehr teilnehmen konnte, tut mir Leid. Ich weiß, du hättest es dir anders gewünscht.

EVA: Ja, das stimmt.

INES: Ist nicht mehr zu ändern.

EVA: Da hast du wohl Recht.

INES: Leb´ wohl, mein Kind. Ich werde fort gehen und nicht mehr wieder kommen.

EVA: Mach´s gut und vergiss mich nicht, dort wo du hingehst.

INES: Ich werde jeden Tag an dich denken, so wie ich es im Leben auch schon getan habe. Leb´wohl. *Eva legt ihr Gesicht in beide Hände und weint. Als sie wieder hoch schaut, ist ihre Mutter verschwunden.*

Vorhang

DRITTE SZENE

Eine Dame tritt auf die Bühne. Sie sieht sich im Saal um und macht einen kleinen Knicks. Sie geht ein paar Schritte nach vorne. Sie läuft wieder zurück. Sie läuft noch ein paar Mal hin und her. Dann bleibt sie stehen und sieht sich lange im Saal um, bevor sie anfängt zu sprechen.

Eine Dame

EINE DAME *beugt sich zum Publikum herunter:*

Es ist diese bedingungslose und unvergängliche Form,
nicht erklärbar und außerhalb jeder Norm.
Diese einzige perfekte Liebe im Leben,
nach der wir unser gesamtes Dasein lang streben.

Doch Mutterliebe ist keine natürliche Konsequenz,
sie verstärkt sich oder erschwert sich je nach Kompetenz.
Wo die eine sich selbstlos opfert bis hin zum Für-den-anderen-sein,
sich die andere begnügt mit der Anwesenheit des schönen Schein.

Aber nichts vermag die Zwiespältigkeit eines Daseins so zu versöhnen,
nichts der Existenz die Grundlosigkeit so zu verhöhnen,
wie alleinig diese starke, diese unglaubliche Macht,
durch die man nach jedem bösem Traum am Ende doch heiter erwacht.

So frage ich Sie: Wurde Ihnen dieses Glück zu Teil?
Wenn ja, reichen Sie Ihrer Mutter die Hand derweil.
Um ihr zu danken für die aufrecht erhaltene Illusion,
den kritischen Spiegel und die Inspiration.

Doch was, wenn das mütterliche Handeln nur besteht aus
Immanenz
und diese Liebe glänzt durch permanente Abstinenz?
Ist man nun ausgeliefert der Forderungsstruktur der Welt,
da einen sonst nichts und niemand mehr hält?

Wie kann man leben ohne diese Welt so heil,
ohne die einem diese Liebe sonst nie wieder wird zu teil?
Die Sehnsucht wird dein ständiger Begleiter
und nur die hoffnungsvolle Gewissheit bringt dich weiter.

Dass man versuchen muss, die Freiheit für sich zu erstre-
ben,
um es zu schaffen, nur für die eigenen Ziele zu leben.

Die Dame schaut noch einen Moment lang ins Publikum.
Sie macht erneut einen kleinen Knicks, dreht sie sich um
und verlässt die Bühne.

Vorhang